Sentits

Klaus Ebner

Sentits

Assaig

© Klaus Ebner, 2022 —www.klausebner.eu
Disseny i maquetació: Klaus Ebner, a partir d'un dibuix de
Gerd Altmann a Pixabay —www.pixabay.com
Tipus de lletra: Perpetua MT Pro
Impressió i editorial: Books on Demand GmbH
info@bod.com.es – www.bod.com.es
Impressió a Alemanya/Printed in Germany
ISBN: 978-84-11233132

Taula

Sentits

Pròleg

Sento i sentim. Sense sentits no tindríem cap connexió amb el món. Penso que l'absència total de sentits posaria en qüestió l'existència del món sencer i fins i tot de nosaltres, els éssers humans. Per descomptat, tot això és una reflexió purament filosòfica, perquè podem gaudir cada dia dels sentits que ens habiliten per a posar-nos en contacte amb el món que ens envolta.

Distingim un nombre manejable de sentits que compartim amb la majoria dels animals. A més, alguns animals posseeixen sentits que no trobem en nosaltres, per exemple, l'ecolocalització del dofí i del ratpenat; només podem observar-los i descriure'ls amb mètodes científics. Els sentits de l'home ens són tan familiars que no hi pensem habitualment. La vista, l'oïda, el tacte, el gust i l'olfacte. Els sentits ens semblen naturals, i molt sovint esdevenen conscients només quan ens en falta un; això vol dir quan tenim una deficiència corporal, una discapacitat.

Val la pena examinar més de prop els sentits i les sensacions que no només influeixen en la vida humana, sinó que també la determinen i la defineixen fonamentalment. Es tracta d'un viatge a les arrels de la percepció corporal i de la comprensió intel·lectual, un viatge que cal celebrar.

Us convido, doncs, a una celebració: us convido a submergir-vos amb mi en el món dels sentits, en un univers ple de meravelles, sorpreses i curiositats.

De la percepció del món

I

Veure. Veig, veus, veu —gramàtica. Obre els ulls i veus un món —la vista és el sentit que ens permet percebre la llum. La llum —física. (La llum ho és tot; sense llum només hi ha foscor. En la foscor total, la nostra vista no percep res i roman inútil.) La percepció ens duu a interpretar les formes, els colors i les distàncies de tot allò que es trobi en el nostre camp de visió. La vista —biologia. A més, influenciats per la psicologia i les teories econòmiques, anomenem *visió* també allò que ja *veiem*, encara que no hagi començat a existir.

2

Abans de tot dic: «la veig». Concloc: la percepció em permet reconèixer la gràcia i la bellesa d'una dona. Però, puc reconèixer així, també, la seva qualitat interior? A vegades. Què vol dir això? El cos d'una persona, els seus moviments i les seves reaccions visibles traslladen, de manera encriptada, una imatge de la seva personalitat i de la seva capacitat (!) emocional. Per descomptat, aquesta imatge és incompleta (i, en alguns instants, errònia), i l'observador —jo— ha de cercar la clau que permeti desxifrar el codi introduït o utilitzat inconscientment. Això és un art. Que ens duu a la conclusió que la vista no és només una funció anatòmica i fisiològica, sinó la base d'un univers sociològic i emocional.

A primera vista, el món sembla un gran espai de joc. Objectes, una escena assolellada, actors i sorpreses per tot arreu. Un goig enorme. Això és la mirada d'un nen, la vista d'un ésser humà sense prejudicis entrenats, ni esperances fixades, ni decepcions viscudes. Malauradament, aquesta mirada sobre el món no perdura. A poc a poc, les realitats entren a la consciència. (Sí, són realitats múltiples.) La realitat de l'infant creix amb l'edat i s'enriqueix amb els blocs que construeixen la complexitat d'una personalitat per a la qual la vista constitueix només una eina. No es pot simplement copiar la realitat de la vida perquè la percepció d'aquesta darrera no és una constant, sinó una desviació perpètua. Coneixem la realitat de la interrelació, de la rialla, del benestar. Coneixem la realitat de la cura, de l'amistat, de l'amor. (Però això no és tot; francament, això és només una sola cara d'un prisma, i sospito que aquesta cara és minúscula, ja que:) Coneixem la realitat de la malaltia, de la pandèmia, de la mort. Coneixem la realitat de la violència, de la guerra, de l'extinció. Veiem tot això. Ho veiem cada dia, perquè la televisió i la xarxa que anomenem *Internet* ens ho faciliten. A través de la mirada podem rebre mal, ens pot ferir, deixar ferides. Quan vaig veure per primera vegada la pel·lícula de ciència-ficció *Terminator*, que em va posar al davant la seva visió distòpica d'una possible extinció total de la humanitat, causada per màquines i robots, no vaig poder dormir bé durant més d'una setmana. Havia vist una ficció, sí. Però també havia entès que aquesta ficció podia transfor-

mar-se, un dia, en realitat. Tenia vint anys, i la probabili-
tat que aquesta ficció esdevingués real em va enderrocar.
Podríem tancar els ulls davant l'apocalipsi. Perdre la vista
o renunciar-hi. Momentàniament o per sempre. Seria
una alternativa vàlida? Potser. Ara bé, si hom està cec, no
es perceben els defectes, les mancances o les malanances
d'una situació, però tampoc el possible camí cap a una
solució.

<h1 style="text-align:center">4</h1>

L'òrgan de la vista és l'ull. L'ull és ancorat dins la cavitat
ocular. L'humor vitri, un líquid gelatinós i transparent,
seria l'integrant més voluminós. El cristal·lí actua com
una lent i fixa les imatges (projectades per la llum) a la
retina, a l'interior del globus ocular, en la qual es troben
les cèl·lules receptores; en coneixem dues de diferents,
els cons i els bastonets. (Els cons són responsables de la
captació dels colors; els bastonets s'ocupen del blanc i
negre, la claredat o intensitat lumínica.) La llum entra
per la pupil·la, l'obertura negra de l'iris. L'iris sap regular
el diàmetre de la pupil·la, que es mostra molt sensible a
la lluminositat. La coroide és una làmina de color marró
fosc que es troba majoritàriament en la part posterior de
l'ull. Finalment, l'escleròtica és la superfície o zona blan-
ca i opaca que veiem al voltant de l'iris; cobreix, però,
la totalitat del globus ocular, excepte la còrnia, que pro-
tegeix l'iris i la pupil·la. La (petita) cambra anterior se
situa entre la còrnia i l'iris. El lloc d'entrada del nervi òp-
tic (en la part posterior del globus) s'anomena *punt cec*

perquè no té cap cèl·lula receptora. Humidifiquem, netegem i protegim els ulls amb les parpelles, mentre que les ulleres de sol són més aviat un accessori de vanitat.

5

Quan tenia vint anys, vaig fer un viatge d'estiu en autocaravana amb la meva futura dona. Després del trajecte des d'Àustria fins al Rosselló, vam passar la frontera pirinenca cap al Principat de Catalunya, però no vam utilitzar les rutes principals, sinó les carreteres secundàries que ens duien a través de les muntanyes i els petits llogarets arrelats en aquestes. Aleshores nosaltres encara no sabíem en quin idioma, català o castellà, parlava la població local d'aquells poblets. (Parlaven en català, però ens va ser difícil de comprovar-ho, perquè, davant nostre, la gent canviava immediatament a l'espanyol.) A prop d'una d'aquelles petites localitats vam trobar un lloc bonic, un prat a la vora d'un camp de blat, on vam decidir de fer càmping. Érem joves i una mica tímids, i per això no volíem estacionar l'autocaravana gaire a prop dels estiuejants espanyols (o catalans) que ja hi havia. Vam prendre el camí cap a l'altra banda del prat —on de sobte les rodes del vehicle es van enfonsar en un bassal: ens vam quedar allà atrapats. No havíem vist el bassal des del vehicle, i jo, que era al volant, vaig sentir pànic i desesperació. Abans que nosaltres ens n'adonéssim, els estiuejants ja esmentats havien saltat i corrien cap a la nostra autocaravana. Probablement hi venien tots els que hi havia per allà en aquell moment. Sense cap discussió, van començar a ajudar-nos a

empènyer i estirar el cotxe fora del bassal. Llavors, a con-
tinuació, ens van assignar un lloc molt a prop de les seves
pròpies tendes. Un dels homes em mirava directament i
digué algunes vegades «Ull!» i «¡Ojo!», acompanyant-ho
del gest corresponent. Ho vaig entendre perfectament,
però, fins aquell moment, com a procedent d'una altra
comunitat lingüística (on els sentits figurats són uns al-
tres i no sempre coincidents), no sabia que aquest mot es
pot utilitzar com a expressió amb aquest significat.

6

L'ésser humà és un organisme que es defineix per la vista.
(Algunes dones diuen que només l'individu masculí es
defineix per la vista. Pel que fa a mi, i a tots els homes,
penso, tenen raó; per altra banda, no puc jutjar les dones
en aquest aspecte perquè no soc cap d'elles.) La vista ens
assegurava la supervivència, mentre que els altres sentits
són superiors en nombrosos animals. Però hem de cons-
tatar que també hi ha espècies que tenen una vista molt
superior a la nostra (l'àguila, per exemple.) Aquest fet
sembla insinuar que la nostra supervivència, al llarg de la
història, ha estat un mer atzar. (I, de fet, l'evolució huma-
na ha viscut almenys un *coll d'ampolla* que ens va portar
al límit de l'extinció.) En aquest context, cal afegir que
les amenaces a la nostra espècie provenien generalment
de les condicions climàtiques i no pas de la inferioritat
dels nostres sentits. Podem veure el clima però no pas
preveure'l. Certs canvis climàtics i altres fenòmens (més
o menys) naturals no pararan de posar-nos en perill mal-

grat la bona vista que tinguem o que creguem tenir; a
més a més, cada emissió de notícies televisives ens sem-
bla una prova. De totes maneres, estic segur que la vista,
la nostra capacitat de veure-hi, defineix allò que perce-
bem i que entenem. La vista i la llum, sense la qual els
nostres ulls perdrien el seu significat. Defineixen de ma-
nera crucial la nostra percepció del món. No és pas un
atzar que un dels llibres més influents de la humanitat, la
Bíblia, comenci amb la introducció de la llum («Que
existeixi la llum!»), que simultàniament és claredat i re-
quisit per a la vista.

De la musicalitat del món

1

Hi sentim. Això és tan natural per a nosaltres que no hi pensem. L'oïda és el sentit pel qual percebem els sons de la nostra vida. Sentim els sons del nostre entorn, de la natura, el soroll de la ciutat i dels avions que volen per dalt. Cal sentir-hi per a ser conscients que la gent parla, per a entendre el que els nostres interlocutors ens diuen. L'oïda és un sentit essencial per a la comunicació humana, però no pas l'únic. (Penso en el llenguatge del cos, la cinèsica, en tot l'univers social i de la formació, perquè aquests elements juguen també un rol eminent en la comunicació i, conseqüentment, en la comprensió.) L'oïda ens permet gaudir de la música, que és un assoliment cultural basat directament en la nostra capacitat auditiva. La comunicació (parlada) representa una facultat essencial de l'espècie humana, mentre que la música és cultura, entreteniment i una eina important i molt efectiva per a promoure la cohesió social. A més de tot això, l'oïda ens serveix per a percebre els perills als quals ens enfrontem, des de la prehistòria fins als nostres dies.

2

Des d'un punt de vista científic, el sistema auditiu ens permet l'audició. Té la tasca de captar i transformar les ones sonores en impulsos nerviosos que de seguida són processats i interpretats per l'encèfal. A causa de les impressions, aquests impulsos poden desencadenar reaccions conscients o instintives del nostre cos. Quan parlem del sistema auditiu, utilitzat per l'oïda, hom distingeix entre l'orella externa, la mitjana i la interna. El meu fill d'onze anys aprèn tot això actualment a l'escola. Ho troba interessant i sap què és el timpà o què són els petits ossicles, el martell, l'enclusa i l'estrep. Suposo que d'aquí a alguns anys ja no ho recordarà tan detalladament.

Tots sabem que el timpà és una membrana molt sensible de la qual s'ha de tenir cura; durant la natació i la pràctica d'altres esports podria rebre alguna lesió, possiblement irreversible. La còclea és un òrgan espectacular; la seva estructura en forma de tub enrotllat en espiral sembla un cargol o un mol·lusc que potser es podria trobar en una platja recòndita. Aquesta còclea no és només l'òrgan del sentit de l'audició, de l'oïda; ho és també del sentit de l'equilibri. Per això, les persones que pateixen una malaltia o infecció de les orelles sovint tenen també problemes d'equilibri.

La trompa d'Eustaqui és un conducte aplanat de l'orella mitjana que connecta la caixa timpànica amb la paret externa de la rinofaringe i funciona com a compensació de pressió. Quan, per exemple, anem en cotxe i baixem ràpidament d'una muntanya, es produeix una reacció de la trompa d'Eustaqui, perquè és només en *una* direcció que el conducte funciona molt bé (però, per l'altra, a vegades cal ajudar una mica; ja ho sabeu: tancar la boca, pinçar el nas i bufar bastant fort…).

3

La música és una de les coses més belles de la nostra vida, i és l'oïda que ens l'ha regalada. Podem observar que totes les cultures del món han desenvolupat música. De vegades, l'element primordial és el ritme, com en els cants africans; de vegades, la melodia; de vegades, la perfecció d'un núvol sonor produït per una gran orquestra o, més sovint avui, un ordinador i els seus perifèrics. L'origen de la música són certament els sons de la natura: el vent, les fulles, els rierols, el brunzit de l'abella, el cant dels grills, i, finalment, la veu humana. Hem sentit tot això des de l'alba del temps, i ho sentim encara avui quan apaguem la televisió, obrim la finestra i hi parem esment.

Hi ha una mena de cànon de música clàssica que, ultra la música clàssica en sentit estricte (Haydn, Mozart, Beethoven), inclou, segons l'opinió general, també la música del barroc (Bach, Vivaldi, Pachelbel, etc.) i la del segle XIX, com el romanticisme (Rossini, Schubert, Berlioz, Wagner, Puccini, Txaikovski, etc.), però també del modernisme (Albéniz, Mahler, Strauss, De Falla, etc.) i de l'impressionisme (Débussy, Ravel, etc.). És un univers musical que coneixem tots a Europa i Amèrica, i fins i tot els xinesos i els japonesos són grans amants d'aquest tipus de música. Des de la Segona Guerra Mundial, la música angloamericana ha conquerit el món, i per això la música pop en molts països, sigui als Estats Units, a Alemanya, Romania, Rússia, Itàlia, Àustria o Catalunya, té molt en comú, la qual cosa la fa tangible i *comprensible* als auditoris en aquests països, on, en la comunicació parlada, tindrien potser dificultats amb la llengua estrangera.

Els que estudien música internacional o etnologia coneixen també la música de l'Índia o dels països musulmans, que ens semblen bastant diferents. A l'Índia empren fins i tot un altre sistema de notació musical, notes que no existeixen en la música europea, però que es pot descriure per la seva freqüència física. Quan jo estudiava a l'escola, de jove, vaig tenir un camarada de classe que feia molta música i aprenia també a tocar un sitar. Durant algunes lliçons de música, va donar un petit concert només per a nosaltres. Per a la nostra classe va ser una experiència molt especial que encara tenim tots en la memòria. La musicalitat del món coneix moltes facetes que enriqueixen la vida enormement.

Escoltem música en diverses situacions. La música acompanya les nostres festes, des de la naixença fins als funerals. Gairebé no podem imaginar les bodes sense música, o les grans festivitats al país i a la ciutat. Marca les etapes de la nostra vida, els moments decisius i probablement també el començament d'un gran amor. La música ens pot consolar, pot acompanyar les nostres vides i fer que el dia sigui entretingut. Però sabeu també que la música pot facilitar el tractament de malalties i fornir un gran servei al pedagog? La música no ens deixa mai indiferents. Tant la musicologia com la psicologia només comencen a explorar els efectes de la música en les persones. El meu fill de divuit anys va escriure una petita investigació sobre aquest tema, música i psicologia, per a l'examen final de secundària, i, quan el vaig ajudar a revisar el text, vaig pensar que estava entrant en un món totalment desconegut i, alhora, paradoxalment, ben conegut, perquè cadascú de nosaltres coneix les emocions que la música pot despertar.

4

Sense l'oïda no tindríem cap música. Per a mi, un món sense música o musicalitat és un pensament força desagradable. Però, es pot viure també sense oïda?

5

La meva dona és bilingüe: parla alemany i, a més, la llengua de signes austríaca. Això és degut al fet que molts membres de la seva família són sords, per exemple, els seus pares. Però no pas els seus germans; ells oeixen com ella. La meva dona treballa com a intèrpret de la llengua de signes, i, per a mi, la seva família ha estat sempre una bona oportunitat de submergir-me al món més o menys desconegut de la comunitat sorda.

Hi ha causes diferents de la sordesa. La majoria de les persones sordes ho són des de la naixença; altres esdevenen sords a causa d'una malaltia (normalment durant la infància) o per lesions rebudes en un accident. Els darrers són els que dominen la llengua parlada tan bé com nosaltres, que hi sentim amb normalitat, però, per a entendre la resposta que els donem, cal que vegin la boca de l'interlocutor perquè llegeixin els moviments dels llavis.

Penso que la meva pròpia concepció de l'oïda ha canviat amb els anys perquè hi ha moltes persones sordes al meu entorn familiar que no tenen cap capacitat auditiva. Encara que ho pensem, l'oïda no és una cosa natural per a tots. A més, hi ha famílies en què els progenitors són sords, però tots els seus descendents oeixen perfectament; en d'altres, els pares són sords i un dels seus nens hi sent, mentre que l'altre, no; o tots els nens són sords. Quan només el pare o la mare són sords, em sembla normal que tots els infants puguin sentir-hi. Però això no és pas una regla garantida; jo conec totes les combinacions possibles.

Es podria creure que els sords no coneixen la música. Hi ha una certa veritat implícita, és clar, però, nogensmenys, no es pot dir així. Conec sords que estimen la música o que estimen ballar, sense perdre el ritme. A la televisió americana (*America's Got Talent*) vaig veure una dona sorda, Mandy Harvey, cantar una cançó acompanyada per un baix i un teclat electrònic.

Sí, ella hi sentia de jove i va perdre l'oïda a causa d'una malaltia incurable. Però, malgrat la seva sordesa, és capaç de cantar correctament junt amb la música. I es va presentar a l'escena amb els peus descalços. Per què? Els sords perceben les vibracions, senten el ritme i són capaços de distingir variacions i diferències molt fines. Mandy va cantar amb els peus descalços perquè així podia sentir els instruments —que es trobaven darrere d'ella— molt clarament. Va cantar correctament, encara que la seva veu es basa en el record dels temps de quan encara oïa.

És veritat que la sordesa és un hàndicap en el món dels que hi senten. Però la majoria de les persones sordes prenen la sordesa com una cultura pròpia. Per això existeix també una literatura en llengua de signes (que cal escriure en vídeos), i la gent posseeix alguns codis socials que normalment són inconeguts per als que oeixen.

Sabíeu que cada país té la seva pròpia llengua de signes i que hi ha dialectes? A més, és interessant que les llengües de signes no es corresponen gaire amb les llengües parlades. Els sords de França i els dels Estats Units d'Amèrica s'entenen molt bé i sense intèrprets, però els britànics no són gaire capaços de comunicar-se amb els americans; normalment els cal una interpretació. Tot això és degut a la història i al desenvolupament de les llengües de signes, que representa una matèria científica. Existeix també una llengua de signes internacional, que es basa en la llengua dels Estats Units i és artificial. Aquesta llengua de signes internacional s'utilitza durant congressos internacionals, sobretot pels intèrprets, com a pont entre les diferents llengües de signes. Al meu entendre, això és un món complet i paral·lel al món de l'oïda.

<h2 style="text-align:center">6</h2>

Totes les llengües que conec contemplen la diferència entre *sentir* i *escoltar*. És clar que sentim els sorolls del nostre entorn i, sobretot, les veus. Però els escoltem? El cervell humà té una funció de filtre. Tot i que oeix moltes coses, molt poc d'això arriba a la nostra consciència. Amb prou feines registrem el soroll habitual del carrer, i també el xiuxiueig de les fulles. Però reaccionem molt bé davant la botzina d'un cotxe que condueix cap a nosaltres o al xiulet extraordinari d'una ratxa de vent. On hi ha molta gent, sentim com es parla sense que puguem repetir tots els continguts. Quan el nostre cervell reconeix una paraula clau, ens instiga a reaccionar i comencem a escoltar.

Només sentir, en lloc d'escoltar, durant una conversació, pot resultar fatal. Sovint recordo l'escena en què una dona, ja impacient, pregunta al seu marit: «M'escoltes?», i ell contesta: «Sí, sí, et sento, carinyo, et sento». Somric, però soc conscient de com és de fàcil que aquesta escena esdevingui realitat.

L'oïda és un sentit essencial, com ho són també els altres sentits. No voldria perdre-la mai, encara que el món dels sords, que conec per la meva família, em demostra que hi ha també una alternativa vàlida, si un dia m'hi hagués d'acollir.

Del contacte amb el món

I

L'escenari: un naixement. El nounat és aixecat per la llevadora, que el posa sobre el pit nu de la mare. El bebè està molt quiet, intenta aixecar el cap, cosa que amb prou feines aconsegueix. Manté els ulls oberts, però parpelleja en la llum de la sala de parts. Comença a fregar la cara sobre la pell de la seva mare, i l'acarona molt encuriosit amb els seus braços i els dits minúsculs. —Aquest acte de tocar el cos d'una altra persona (que, en el cas d'una operació de cesària, també pot ser el pare, si la mare encara està sota anestèsia) és probablement la primera activitat del nadó; una activitat deguda al nostre sentit tàctil, al sistema somatosensorial.

2

No podem evocar el nostre propi naixement, però potser sí el naixement d'una filla o un fill (i, en molts casos, la memòria del pare és més detallada que la de la mare, a causa dels esforços viscuts per la dona, sovint durant moltes hores). El primer contacte del nounat amb la mare i el pare es realitza per la pell i una infinitat de cèl·lules nervioses que reporten experiències força noves al cervell. Recordo perfectament com, després del naixement del meu fill petit, que es va haver de dur a terme inesperadament per cesària, em vaig quedar amb ell dins un llit de l'hospital durant la resta de la nit, i que no podia adormir-me perquè palpava i acariciava de manera incansable aquella criatura nouvinguda i menuda. Posteriorment, vaig escriure un relat breu sobre la meva experiència, amb la intenció de no oblidar mai aquell moment màgic.

Els científics creuen que el nounat encara no veu bé el seu entorn, però que té una oïda enormement elaborada —això vol dir que madura en només quatre setmanes per ser superior a la d'un nen més gran, i, sobretot, a la d'un adult (fet que es va descobrir durant el curs d'unes investigacions lingüístiques). Naturalment, és capaç de percebre també el seu lloc d'arribada i les persones del seu entorn íntim pel tacte. El sistema somatosensorial es desenvolupa a partir del segon mes d'embaràs; és, doncs, el primer sentit d'un ésser humà.

Normalment, no en som gaire conscients. Considerem més aviat la vista i l'oïda, però el fet que també vivim en un univers ple de sensacions tàctils passa més o menys desapercebut. Només ara, quan el món sencer lluita contra una situació d'excepcionalitat mundial de pandèmia, hem de constatar que aquest sentit té un paper vertader: des del març del 2020, ens veiem obligats a mantenir la distància i, sempre que és possible, a no tocar els avis, els amics i, sobretot, persones menys conegudes. Tot això per a guanyar temps, amb l'esperança de trobar i administrar remeis eficaços. El tacte ens falta, i, amb la progressió del temps, la seva privació provoca cada cop més danys a la nostra psique.

El sistema tàctil sembla prou complex, perquè combina una multitud d'òrgans i de components. En els llibres d'anatomia i fisiologia es pot llegir que els principals receptors de les sensacions són: el disc de Merkel (que, per cert, no té res a veure amb l'expresidenta alemanya), els corpuscles tàctils de Meissner i els receptors barestèsics de Golgi i Pacini. Probablement aquests receptors són tan inconeguts per la majoria de la població que encara porten tots els noms dels seus descobridors. Els dos receptors amb cognoms alemanys —segons Friedrich Merkel (1845-1919) i Georg Meissner (1829-1905)— es troben en la capa més superficial de la nostra pell. Tenen l'aspecte de petits glòbuls en un univers cutani, i sabem exactament com reaccionen i transmeten informacions al centre de control, el nostre cervell. Els receptors de pressió amb cognoms italians —segons Camillo Golgi (1843-1926) i Filippo Pacini (1812-1883)— se situen en la capa més profunda de la pell. Un altre, per exemple, s'anomena corpuscle de Ruffini —pel seu descobridor, Angelo Ruffini (1864-1929)—, i és responsable de la sensació de l'estirament. Generalment, els receptors de sensacions, que, bàsicament, són fibres nervioses, es troben també en vísceres, tendons i articulacions.

La nostra pell, un tegument resistent i també flexible que recobreix la superfície del nostre cos, ens protegeix del medi que ens envolta, però té alhora un paper com a sistema de comunicació amb l'entorn. Està constituïda per l'epidermis, que és la capa més externa, el derma (també anomenat *cori cutani*), que és la capa mesodèrmica, i finalment l'hipoderma, que és la capa més profunda, el teixit subcutani o pannicle adipós. El conjunt de l'epidermis i del derma es diu també *cutis*. Com ja he esmentat, els receptors sensorials es troben majoritàriament en les capes superficials de la pell.

Totes les sensacions que la pell percep es transmeten al cervell, i allà són sotmeses a una interpretació, que pot ser inconscient o conscient. Les sensacions recorren els nervis perifèrics i la medul·la fins a arribar a la zona somatosensorial del lòbul parietal del nostre cervell. L'explicació d'aquests detalls pertany a l'anatomia i al funcionament del tacte. És prou interessant per a metges, estudiants i tots els que volen investigar i analitzar la fisiologia del nostre cos. Quan el meu fill de dotze anys havia d'aprendre moltes d'aquestes expressions per a un examen de biologia, no sabia ben bé com memoritzar-les efectivament. Després d'alguns minuts d'indecisió, li vaig dir que, per a cada paraula, calia tocar un lloc del seu cos on podria ser localitzat el corpuscle en qüestió. D'antuvi, em va mirar desconcertat, però després, amb aquesta senzilla tècnica mnemotècnica, va aconseguir interioritzar el vocabulari especialitzat amb més facilitat.

A la vida quotidiana, no em sembla tan important saber denominar cada partícula i esdeveniment involucrats en aquest cicle del funcionament corporal. El que importa és allò que sentim: el contacte entre dos amants, entre mare i filla, pare i fill, però igualment entre amics, i, no cal oblidar-ho, entre una persona i el seu gos, o la seva

gata; percebem la temperatura a fora, i també la calor
d'una paella als fogons que intentàvem tocar, com el del
te gustós dins la tassa que tenim entre mans; sentim l'es-
forç dels músculs quan ens exercitem al gimnàs; el sol
d'estiu, i, a l'hivern, el vent glacial a la nostra galta; final-
ment, toquem tots els objectes que tenim a casa i a la tau-
la de la feina; fins i tot l'obertura d'un llibre causa una
sensació tàctil. Tot això és l'expressió del sistema soma-
tosensorial, del tacte. Penso que la majoria d'aquestes
sensacions creen emocions molt positives, i per això
sembla lògic que la música es basi també en un tacte, tot
i que això denomina un concepte diferent. A més, com
veiem una persona que té molt de tacte? Com ja he dit:
n'emergeixen emocions agradables.

4

L'escenari: La trobada íntima d'una parella d'amants. És
clar que la sexualitat —i aquesta paraula inclou totes les
intimitats, carícies i tendreses d'una parella— es basa
particularment en el tacte. El desig, emergint, com tot,
des del cervell, ens insta a tocar i palpar el cos de l'altre
—i, en la masturbació, fins i tot el propi cos. La pell i el
sistema somatosensorial tenen el paper principal, i es pot
constatar que qualsevol part del nostre cos que podem
acariciar, besar, palpar, fregar, llepar o prémer és suscepti-
ble de produir plaer sexual. Per descomptat, el tacte no és
l'únic sentit implicat, perquè la sexualitat cobreix també
l'olfacte, el gust, la vista i l'oïda; em sembla, però, que la
percepció i l'aplicació de sensacions tàctils hi destaquen.

5

El dolor representa un aspecte més aviat negatiu del tacte. És que *sentim* el dolor causat per ferides de la pell: talls, rascades i cremades. El nostre dolor és també una advertència: el nostre cos ens diu que alguna cosa no va bé i que caldria investigar (ràpidament) la situació i reaccionar de manera adequada per evitar el dolor. La pell danyada tracta de restablir-se de manera independent, mitjançant la formació d'un teixit cicatricial. Algunes cicatrius ens acompanyen tota la vida, i sabem que de vegades no són només físiques; també poden ser psicològiques.

Aquest pensament em duu al domini de les discapacitats. Ja he esmentat, en el capítol anterior, que en la meva família hi ha moltes persones sordes. A causa d'aquest fet i del treball de la meva dona com a intèrpret de la llengua de signes, he après que, a més, hi ha també persones que viuen amb dues deficiències essencials; parlo de persones privades simultàniament dels dos sentits sobre els quals ja hem tractat en aquest llibre: són persones cegues i alhora sordes. Per a mi, això descriu un món gairebé inimaginable. Aquestes persones coneixen només el tacte (ultra el gust i l'olfacte, per cert) per a comunicar-se amb el seu entorn. És un univers totalment negre, sense contorns visuals, i absolutament silenciós. Però el que em sorprengué més és el fet que, en molts casos, aquestes dones i aquests homes saben *parlar* en la llengua de signes. Com ha de funcionar? La llengua de signes és una llengua visual, però les persones esmentades no veuen res. La solució a aquest problema és el tacte. Saben comunicar-se només amb la gent que directament es troba davant d'ells, i que parla en la llengua de signes. Les mans dels sordcecs *toquen* permanentment les mans de l'interlocutor. Així toquen les paraules, perquè senten els moviments, els gestos, els signes enunciats, i els entenen. Donar una resposta és fàcil, perquè produeixen també les seves frases en la llengua de signes, tot i que no poden saber si hi ha algú que està mirant-los. Quan l'interlocutor (que pot ser un sord o un intèrpret de la llengua de signes) respon o vol afegir alguna cosa, li fa un *senyal* i pren una mà de la persona sordcega per posar-la sobre la seva. He vist que aquesta mena de comunicació funciona, tot i que és una situació força particular, i, per a nosaltres, esgarrifosa.

6

Tenim algunes locucions que es refereixen a l'orbe tàctil. Per exemple, una solució pot ser «palpable», enunciada per una persona amb molt o poc «tacte»; es recomana «mantenir-se en contacte» (crec que la concepció del «contacte», amb els seus aspectes interpersonals i també tècnics, mereixeria tot un tractat!), i, quan som colpejats, utilitzem de vegades la paraula francesa «touché»; no volem «tocar un assumpte» massa complex perquè cal de debò «tocar de peus a terra»; la brisa del mar «acaricia» els cabells i la galta; i ens «freguem les mans» per expressar la nostra satisfacció.

La nostra percepció del món empra tots els sentits, i penso que el tacte en representa un que està força subestimat; parlem sempre de la vista i de l'oïda, i, quan ens referim al dinar o al sopar, també del gust. Però —excepte en la situació actual de pandèmia— oblidem fàcilment que les sensacions tàctils ens acompanyen des de l'estat embrional dins el ventre de la mare fins a la mort, quan deixem de tocar el món que ens envolta.

Del sabor del nostre món

I

El nen s'asseu a terra. Només té dos anys. Aixeca un còdol, o un petit tros d'escorça, o un coleòpter mort amb una mà, se l'acosta a la boca i el llepa amb molta cura, una o dues vegades, abans de llençar l'objecte amb un crit de goig. Penso que això és una situació que cada pare i cada mare coneix, i jo ho he viscut amb cadascun dels meus quatre fills.

El tacte i el gust són dos sentits que tenen un paper molt més important per als infants que no pas per als adults. Serveixen per a descobrir un món desconegut i fascinant, un món que encara sembla amagar els seus perills intrínsecs. Mai no vaig preguntar si l'objecte era gustós —vaig cridar més aviat: «Iiik, deixa'l immediatament, sisplau!». I ara, quan els nens són més grans o fins i tot adults, ja no en tenen cap record; com nosaltres, que vam tastar també qualsevol objecte apte o inapte durant els primers anys de la nostra vida. Amb la progressió de l'edat, tenim la tendència a reduir el nostre gust a una mena d'equipament de cuina i de menjar.

2

Bullir les patates, les pastanagues i altres arrels comestibles; preparar la poma amb el rave picant, i la salsa tàrtara. Fem *Erdäpfelschmarrn*, que és una mena de puré gruixut de patata barrejat amb ceba fregida. Però l'element central és la carn de bou, que bullim, i amb la qual prepa-rem també el consomé de bou que cal servir en una olla. El *Tafelspitz* és un plat molt tradicional i típic de la cuina austríaca i vienesa. Com que m'agrada, només cal pen-sar-hi per a tenir el sabor (que en aquest context és el record del sabor) de la carn i del puré de poma al rave a la boca.

Com ja he esmentat, el *Tafelspitz* se serveix habitual-ment dins d'una cassola amb un consomé de bou. Àustria és un país de sopes; la nostra cuina en coneix moltes. La sopa de fideus a casa, la sopa o crema d'hortalisses, i mol-tes altres, de les quals no conec cap traducció al català, com la *Frittatensuppe*, amb tires de creps; la *Kaiserschöberl-suppe*, amb petites boles lleugeres de pasta; la *Gulaschsup-pe*, amb carn de gulaix, i la *Leberknödelsuppe*, amb una mandonguilla elaborada amb fetge, pa, ou i julivert.

Personalment, no prefereixo les cremes (fetes a partir de verdures diferents), però aquestes també pertanyen a la cuina austríaca tradicional. Per descomptat, els bons restaurants ofereixen també les importacions, per exemple: la *minestrone* italiana; durant l'estiu, el *gaspatxo* andalús, i, molt rarament, una sopa de peix. Aquesta, de-cididament, s'elabora a partir d'una recepta mediterrà-nia; és clar que tenim també peix d'aigua dolça, a Àustria, però no conec cap tradició de sopa de peix al meu país, tot i que la monarquia austríaca (fins al 1918) va tenir ac-cés fins i tot al mar Adriàtic per Trieste i Pula.

Per altra banda, Àustria no és pas un país d'amanides. En tenim algunes, i sobretot l'amanida de patates —amb

algunes variacions— és molt tradicional, però general-
ment l'amanida ha estat sempre un acompanyament i
mai un entrant o un plat *principal*. La internacionalitza-
ció del nostre món ha canviat tot això. En molts restau-
rants actuals, podem menjar amanides excel·lents, que
habitualment són més aviat ensalades italianes o gregues.
Penso que ja les hem *nostrificades*. A mi m'agrada moltís-
sim *inventar* noves amanides segons el meu gust amb els
ingredients que tinc a casa. Em sembla que a Catalunya
aquest procediment és molt tradicional i evident; a Àus-
tria, però, no tant.

Sabíeu que la coneguda escalopa vienesa té el seu ori-
gen a Milà? En el passat (avui ja lluny), aquesta ciutat ita-
liana va pertànyer al Sacre Imperi Romà, els emperadors
del qual van ser austríacs de la casa Habsburg durant més
de tres segles. Així (i també per l'Imperi austríac i l'Im-
peri austrohongarès, que van seguir el Sacre Imperi),
molts menjars d'Itàlia, Hongria, Txèquia i altres països
eslaus van trobar el seu camí a la cuina austríaca. La cèle-
bre pastisseria vienesa té moltes arrels a la cuina txeca, i
em sorprengué descobrir que la *Golatsche*, un pastís típic
de pasta fullada farcida de quarq, es refereix a la paraula
eslava *kolač*, que significa, senzillament, «gató». Tenim,
doncs, molts sabors distints i, en certa manera, interna-
cionals. Un altre element essencial, que caldria esmentar,
és la cuina jueva (haig de dir més aviat «les cuines jue-
ves», múltiples), i, quan es compara un llibre sobre cuina
vienesa amb un sobre cuina jueva tradicional, és obvi que
en moltes pàgines no se sap quin és quin.

Tenint en compte aquestes delícies, em sembla gairebé increïble que puguem reduir els plaers de la cuina a reaccions químiques dins el nostre cos.

3

El sentit del gust es diu també *sistema gustatiu*. Es tracta d'un sistema sensorial que és responsable de detectar i percebre substàncies químiques (sic!) a través dels receptors i les cèl·lules gustatives que tenim sobretot a la boca. Les molècules d'aquestes substàncies són dissoltes en la saliva i reaccionen així amb els receptors respectius. Aquests se situen en botons gustatius, que són envoltats per les terminacions dels nervis gustatius.

Quan la reacció química té lloc, parlem de la sensació bucal, que inclou també l'olor ortonasal, l'olor retronasal i una sensació tàctil de la mastegació, que ve desxifrada, com tots els sentits, pel cervell.

A la cavitat oral tenim papil·les gustatives situades sobre la llengua. Aquestes saben percebre els quatre gustos bàsics: el dolç, el salat, l'amarg i l'àcid. Curiosament, la definició de gustos bàsics depèn també de la cultura. Com que podem distingir netament el gust picant, els japonesos afegeixen també el gust que ells denominen *umami*, que localitzen en mariscs, peixos i certes plantes; és un gust associat a molècules de glutamat monosòdic i aspartat.

El gust, un producte de la nostra socialització? Això em sembla estrany, però és obvi que hi ha influències i interferències. Percebem la distinció dels sabors a partir del que hem après durant la nostra infància, en un entorn familiar, escolar i, més tard, també professional. Podem, doncs, considerar que l'entrenament continu del gust l'apropa a la perfecció.

4

La nostra llengua distingeix cadascun dels sabors en una àrea diferent. Sentim el dolç sobretot a la punta de la llengua; així doncs, al centre. (Penso que aquesta circumstància agradarà a molts nens, perquè els demostra que els dolços representen de debò el centre del món.) El salat i el gust àcid se situen als laterals, i al fons de la llengua percebem l'amargor. Per descomptat, també podem distingir el gust picant, i quan penso en la primera (i única) sopa xinesa d'aleta de tauró que vaig tastar fa molts anys, em sembla que la percepció del picant està situada pertot dins la boca, perquè tota la meva llengua i la cavitat oral es van quedar com anestesiades.

El gust amarg serveix per a detectar aliments tòxics. Això és un mecanisme molt útil (estrictament parlant, per a la supervivència de la humanitat), però sabem que la capacitat gustativa (com la de l'olfacte) dels gossos i sobretot de les vaques és infinitament superior a la nostra. Dit això, em sembla una mica curiós que, després dels milions d'anys d'evolució, la terra no estigui dominada per vaques en lloc d'homes.

5

Nosaltres tenim els receptors gairebé únicament a la boca, però hi ha molts animals que no depenen només d'aquest òrgan. Així com les serps tenen l'olfacte en la llengua, molts insectes poden tastar les substàncies amb les seves antenes o els pèls. És per això que les antenes de les abelles, per exemple, són força actives quan comencen a explorar i explotar una flor. Es pot observar un fenomen similar en formigues que examinen un objecte —fulles, fruites o animals morts— per portar-lo al seu formiguer. Vaig llegir en algun llibre sobre zoologia que algunes granotes poden tastar i olorar amb la seva pell humida. Em causa un sentiment estrany imaginar que amb els pèls de la meva pell podria tastar el panellet sobre la taula.

6

L'olfacte és un sentit diferent, però els científics subratllen que el gust es troba vinculat a l'olfacte. Aquest darrer completa la funció del gust analitzant les aromes. L'olor dels aliments ascendeix per la bifurcació aerodigestiva cap a la mucosa olfactiva, i per això tastem el menjar inicialment pel nas. Sense l'olfacte, el gust no rendiria com ho fa. Es diu sovint que una persona que té un refredat no pot trobar gaire gust al menjar o a les begudes. Quan l'olfacte falta o està reduït, el nostre gust no funciona bé. I quan el gust no funciona bé, no tenim gaire gana i la nutrició pura es redueix a una necessitat avorrida.

En un llibre de fisiologia vaig llegir que el sistema gustatiu de l'home és el sentit menys desenvolupat. Sona estrany, perquè el gust és un sentit primordial del qual disposen també els nadons. Com passa sovint, ens veiem netament inferiors en comparació directa amb molts animals. Probablement és degut a aquest subdesenvolupament que el nostre gust necessita el suport de l'olfacte.

7

La combinació dels sentits —i hi afegeixo expressament els altres—, el gust unit a l'olfacte, la vista, el tacte i l'oïda, ens proporciona un servei valuós en l'amor i el sexe. Potser hi tenim fins i tot el fonament de tot plegat; això vol dir que sense aquests sentits no seríem gaire capaços en l'amor. Cal admetre que, en aquest context, la vista i l'olfacte, i, per descomptat, el tacte, hi juguen un rol predominant, però a qui no li agrada tastar la pell de l'amant, el lòbul de l'orella, la base del coll i els llavis de la persona amb qui es voldria romandre tota la vida? Respecte al sexe, us ho deixo a la vostra pròpia imaginació o memòria, perquè coneixem moltes situacions on ens servim extensament del nostre sistema gustatiu. Si, per altra banda, devoro una dona amb la mirada, vaig definitivament massa ràpid. No obstant això, tasto el seu sabor, tot i que la meva gustació és només un joc mental.

En un bes íntim, emprem la llengua de manera molt activa. Potser no ens n'adonem, enmig d'aquesta explosió d'emocions, però és veritat que tastem l'amant i gaudim del seu sabor. No estic regalant cap secret si dic que ho fem amb molt de gust. D'altra banda, sabíeu que, segons una troballa científica, durant un bes íntim de deu segons es transmeten prop de vuitanta milions de bacteris…? En cas que no ens vulguem acostumar a aquest detall incòmode, en podem almenys deduir que l'amor ho venç tot.

8

Aquest vespre em trobaré amb un amic i anirem a un restaurant al centre de Viena a sopar. Hem de xerrar i volem discutir tot un munt de temes; no ens hem vist des de fa més de dos anys, a causa de la pandèmia actual. Hem triat aquest restaurant perquè voldríem tastar alguns plats especials que preparen només allà. Ja sé que entre les postres que tenen al menú hi ha la crema catalana. Intento assajar-la perquè voldria saber si és de debò una crema catalana com la que conec de Catalunya, o si manlleven només la designació per a oferir algun plat exòtic als turistes que mai no han conegut l'original. En cas que sigui així, podré, per descomptat, afegir-hi un strudel de poma (*Apfelstrudel*), que al meu país s'ofereix gairebé per tot arreu. (Pelem i tallem o esquincem la poma, que macerem amb sucre —alternativament pot ser xilitol—, canyella, nou moscada i panses, i, opcionalment, amb una mica de rom, *Amaretto* o *Cointreau*. Barrejada amb nous picades i pa ratllat ja rostit, ho enrotllem dins la pasta de full. Es cou al forn durant quaranta-cinc minuts a una temperatura de 190° C. Abans de servir-lo, l'strudel es pot empolvorar amb sucre de llustre. Però encara hi ha un gran desacord sobre la qüestió de si cal menjar el pastís calent o fred. Si m'ho pregunteu a mi, admeto que m'agraden les dues variants igualment.)

9

Els sabors del menjar i de les cuines del nostre planeta, el sabor de la pell de l'amant i de l'amor, tots són trossos essencials del món que ens envolta, un món ric de gustos fins. Afortunadament, el nostre gust ens ajuda a percebre aquests magnífics elements.

Del perfum del món

Una cantonada que no coneix encara. Què hi ha a l'altre costat? El gos alça el musell i ensuma, vint segons potser, i en algun moment em sembla que tanca els ulls per concentrar-se millor. Els científics diuen que aquest animal tan familiar percep el seu entorn sobretot per l'olfacte. Que reconeix així persones i altres animals, i que l'olor, i amb això també la pudor, el toca molt més fort que a nosaltres. En un documental televisiu van esmentar fins i tot que la percepció d'un carrer força transitat deu ser una vertadera tortura per al gos i el seu nas tan fi.

Com que l'olfacte de la nostra espècie humana no té les característiques del caní, no som capaços de verificar o refutar amb seguretat les nostres assumpcions. Podem imaginar com un gos percep el món, però mai no ho sabrem de debò. De totes maneres, és clar que es tracta d'una manera (diferent) de percebre i entendre el món. Em sembla una aventura científica descobrir concepcions tan diferents a la nostra, basada sobretot en la vista, i potser encara en l'oïda. Hom creu que els cànids són capaços de distingir olors en concentracions milions de vegades inferiors a les d'aquelles que podem distingir nosaltres.

Què podria pensar el gos suara esmentat, poc abans de sortir de l'escala al carrer amb el seu amo, si traduïm els seus trens de pensament en consideracions humanes? Potser seria així: «El veí del segon pis ha passat fa pocs minuts; encara té el gat que em fa posar tan nerviós. A més, fa una setmana que no s'ha canviat els pantalons; o, potser, s'ha pixat a sobre. ...Espera: allà, algú ha vessat una mica de llet, aquest matí, n'estic segur; el cas és que sempre he pensat que els homes ho embalarien meticulosament als seus estranys contenidors, que fan una sentor tan forta de químics. Heus ací la porta; au, ja percebo els cotxes del carrer: els gasos d'escapament, la gasolina, les gotes d'oli que alguns han perdut. Els homes —no entendré mai com poden sobreviure en aquesta cúpula de pudor. Però, què és això? Una salsitxa, potser aquell tipus de menjar que anomenen de manera perversa un *hot dog*... No és lluny..., quina olor més neta i fresca! S'obre finalment la porta. Vull saber si és una nena o un nen qui em portarà la salsitxa fregida...»

Nosaltres hem de veure-ho tot amb els ulls. Per descomptat, sentim també la salsitxa i els gasos d'escapament, però aquestes olors no defineixen tant la nostra percepció del món. En el curs de la civilització, l'olfacte s'ha transformat per a nosaltres en un acompanyament inconscient, i res més.

2

El sentit de l'olfacte detecta i processa les olors. Les bones fragàncies, però també la pudor que trobem a cada pas. Dit això, cal admetre que la definició *bona* o *dolenta* en referència a una olor no és absoluta.

Com d'altres, també, l'olfacte és un sentit basat en processos químics: són partícules aromàtiques despreses dels cossos volàtils les que actuen com a estimulant. Quan inspirem l'aire, aquests cossos volàtils entren en contacte amb l'epiteli olfactiu, que se situa al nas. Les molècules són detectades pels quimioreceptors que es troben a les cèl·lules olfactives de la fossa nasal. Una capa de la mucosa dissol l'olor i transmet les partícules aromàtiques als cilis. Es tracta de microtúbuls que contenen els receptors olfactoris. Als cilis, els senyals químics són transformats en respostes elèctriques.

Posseïm receptors diferents, i la sensació d'ensumar una olor específica depèn del tipus de receptors estimulats per les molècules. La quantitat de receptors que estan activats determina la intensitat d'una olor.

A la part superior de les fosses nasals se situen les neurones que reconeixen i identifiquen les olors que ensumem. Aquesta part es diu *àrea olfactòria perifèrica*. La mucosa olfactòria ja esmentada s'anomena *pituïtària groga*. Les molècules odoríferes segueixen l'epiteli olfactori, format per cèl·lules basals i de sosteniment, glàndules olfactives i, finalment, els receptors olfactius. Em sembla fascinant que les cèl·lules basals sàpiguen regenerar les cèl·lules danyades o velles de l'epiteli. I la tasca de les glàndules és la producció del moc que recobreix aquest teixit.

Els processos que tenen lloc al cervell són més complicats encara, tenint en compte que diferents àrees participen en la descodificació de l'olor. Mentre que el bulb olfactori se situa a la part inferior del cervell, l'àrea encarregada d'identificar les olors es troba al lòbul frontal. Totes les activitats són químiques o elèctriques, però estic content que les sensacions que tenim ens causin molta més alegria que no pas aquella realitat anatòmica. (A propòsit, el bulb olfactiu dels gossos és, en proporció a la mida total del cervell, unes quaranta vegades més voluminós que el dels humans.)

Ensumar inclou una informació sensorial, que ens permet distingir diferents olors, la informació sensitiva que determina la sensació que està provocada, i un component hormonal-sexual, capaç de detectar la presència d'hormones sexuals. Les hormones o esteroides sexuals són les substàncies excretades per les glàndules sexuals; això vol dir, quan parlem no només de l'home, sinó també de molts altres vertebrats, l'ovari en la femella i el testicle en el mascle. Trobem els noms *estrògens* i *andrògens* fins i tot a la publicitat, quan s'ofereixen remeis o productes cosmètics. Hormones i els respectius receptors dins el nostre cos —això és, un cop més: biologia, i també química.

El sentit de l'olfacte, per molt químic que sigui, té funcions crucials per a garantir la nostra supervivència, i, per descomptat, això s'aplica a tots els éssers vius. Ens permet avaluar la qualitat i l'estat dels aliments; un sistema antic del nostre organisme proporciona una mena de control automàtic per al rebuig d'aliments tòxics o almenys poc saludables. Aquest sistema pot desencadenar respostes emocionals i té una connexió amb la memòria.

A més, podem identificar perills mediambientals amb l'olfacte, com el fum d'un incendi o la presència d'algunes substàncies químiques a l'aire que podrien afectar la nostra salut. Sabem que molts animals reconeixen amb el seu nas un territori demarcat per representants de la seva espècie. Els animals utilitzen l'olfacte per percebre informacions sobre la seva presa o sobre els cicles de reproducció. Em sembla que són facultats que l'home, en si mateix, veu cobertes pels canvis experimentats amb el procés constant de civilització.

Fullejant el quadern de biologia del meu fill, noto que ha après molt sobre l'ull i l'orella, però gairebé res sobre el nas i el nostre sistema olfactiu. Per què? Només puc endevinar que hem oblidat la importància que l'olfacte tenia i té per a la humanitat. Estic convençut que ningú no vol trobar a faltar les sensacions que tenim quan ens acostem a la dona estimada o a l'home estimat, quan enfonsem el nas als cabells de l'amant i comencem a explorar el seu cos nu amb tots els sentits. Però em sembla que, tot i la seva importància, hem reduït l'olfacte a un mecanisme automàtic i una qüestió natural que ja no val la pena esmentar.

En el capítol anterior sobre el sentit gustatiu, ja m'he referit al fet que l'olfacte té un paper essencial en la percepció del gust. Aquests dos cooperen, i, quan masteguem els aliments, s'alliberen substàncies volàtils que el nostre sistema olfactori sap captar, a fi d'enviar els senyals al cervell, que, per la seva part, és responsable de fer-nos percebre el sabor del menjar.

Sentir el perfum del món que ens envolta és una facultat important i agradable. He subratllat que l'olfacte de l'home és netament inferior al de molts animals. A més, aquest sentit ja reduït per l'evolució pot sofrir restriccions suplementàries: jo, per exemple, soc al·lèrgic. Tinc febre del fenc des de molt petit, una malaltia crònica que mai no desapareixerà de la meva vida, i que, en el meu cas, no es pot curar. Segons els metges, per a un deu per cent dels pacients cap medicament no funciona —i jo en soc un.

Què vol dir tot això? El meu cos reacciona d'una manera falsa quan percep l'olor dels arbres, de les herbes, de la pols i d'un gat. Totes les reaccions són pertorbades i força exagerades, i això té també alguns efectes estranys i curiosos, sobretot des d'un punt de vista exterior. Quan, per exemple, estic caminant per un bosc i la meva família s'alegra de la fragància meravellosa de la natura, jo sento: no res. A vegades puc percebre d'una manera molt feble que hi ha *alguna cosa* dins l'aire que em sembla, de fet, més aviat agradable que no pas desagradable. Però percebre l'olor que hi ha a l'aire? Amb prou feines. I, quan continuem la nostra caminada, es pot arribar al punt que, de sobte, percebo una olor molt forta, alguna cosa que conec potser, però mai una olor que m'agrada, sinó una pudor que em clava un punyal al nas. Puc, en aquest cas, identificar exactament la planta de la qual sorgeix l'olor. Com que soc un zero en botànica, no podria mai dir el nom d'aquella planta, però sé immediatament que en soc al·lèrgic.

Penseu que això és un drama? Bé, en moltes situacions, potser sí. D'altra banda, aquesta reacció estranya amaga també un petit avantatge que vaig descobrir fa molts anys. I és que també soc al·lèrgic, fins i tot força al·lèrgic, a la floridura. Per això puc entrar en un nou pis i determinar ràpidament si hi ha floridura dins la paret o a la catifa. En moltes situacions, altres persones no volen creure'm, però, quan puc trobar algunes petites (o grans) taques, m'entenen de sobte. De la mateixa manera puc detectar floridura en un aliment. Jo ja puc percebre la floridura quan encara té una concentració minúscula —això no és cap perill per a la salut, tot i que no resulta desitjable dins la nutrició d'un nen, d'una persona gran o d'un al·lèrgic. Així doncs, la meva rinitis al·lèrgica, amb totes les seves conseqüències, m'ofereix també una eina positiva.

Se'm planteja la pregunta per què el meu cos, que té una deficiència a causa de l'al·lèrgia, és capaç de descobrir aquestes substàncies, com si tingués un bulb olfactiu dels canins. L'escena em recorda un gos que la policia utilitza per rastrejar drogues. És possible que la deficiència que sofreixo em doni, en canvi, una habilitat que la humanitat potser ha perdut en el curs de l'evolució? I, si el meu cos n'és capaç, imagino que un cos sa podria aprendre a fer la mateixa cosa amb un entrenament apropiat. Tot això ja sembla ciència-ficció, sí, però no és pas impossible.

El perfum i la pudor són les dues cares de la moneda que ens ofereix també una clau per a la percepció del món que ens envolta.

De la intuïció del món

I

Pujo finalment al tramvia. Voldria seure al costat de la finestra, però retrocedeixo immediatament per cedir el seient a un senyor gran. Em diu «gràcies» i s'asseu amb un gemec. Llavors veig que el barret verd li llisca del cap. Em sobresalto: «Ja conec aquesta situació! L'he viscuda abans: aquest home, que de sobte em sembla familiar, els seus gemecs, la seva manera de seure, aquest barret verd… Carai! On ha estat?».

Viure una situació que hom coneix, o creu conèixer. Els psicòlegs anomenen aquest fenomen *déjà vu*; l'expressió es refereix a l'experiència de sentir, davant d'una situació del tot nova, que ja se n'ha estat testimoni prèviament. Estem esglaiats o almenys estranyats dels nostres sentiments i cerquem la data exacta dins la memòria. Pensem de debò que ja hem experimentat la situació, i que es tracta d'una mena de repetició.

En aquests casos, els científics hi constaten una disfunció cerebral: el cervell humà processa la informació que rep entre els sistemes neurològics responsables de la memòria a *llarg* termini en comptes dels de la memòria a *curt* termini. Això vol dir que la comunicació entre els sistemes neurològics de l'encèfal, i amb això també entre els dos hemisferis, resulta inerta; em sembla que, almenys de vegades, les comissures interhemisfèriques i les neurones pateixen una frenada i se superen d'una manera descoordinada.

51

A la gent que ha experimentat moltes vegades aquest fenomen li agrada parlar d'un *sisè sentit*, i conec algunes dones que, amb una picada d'ullet irònica, es diuen *bruixes*. (Els homes tendeixen més aviat a romandre en silenci sobre aquest tema, tot i que estic segur que comparteixen les mateixes experiències.)

Per descomptat, prenem moltes decisions de la nostra vida per l'instint; no només les de la vida privada, sinó també a la feina. Tot i que som també hàbils per a presentar una explicació racional del nostre comportament, estic convençut que l'instint i la intuïció prevalen molt més sovint del que estem disposats a admetre. Crec que el *déjà vu* no té cap paper essencial en aquest context, però no puc excloure que fins i tot aquest fenomen influencia el nostre raonament en determinades situacions.

Perquè no entenem el *déjà vu*, sentim la temptació d'investigar allò que ha passat i el motiu pel qual tenim un record que, evidentment, no és veritable.

Crec que aquest intent d'explicar l'esdeveniment ha de fracassar perquè no coneixem prou exactament ni els processos psicològics ni els fisiològics que ocorren en nosaltres; en conseqüència, no disposem de la informació que necessitaríem per a dilucidar la nostra conducta. Per la meva banda, he renunciat a buscar les causes intrínseques. Puc acceptar que aquest fenomen psíquic existeix, que sembla una mica esgarrifós. Però l'explicació científica és només un projecte per al futur.

Somiem tots, oi? De vegades, somio trobar una persona particular, i aquest somni pot ser remarcable o recordable quan es tracta d'algú que no he vist durant anys. No és res d'excepcional, direu, i teniu raó. Però llavors em passa que el mateix dia ens topem de debò. (Penso que és només per això que el record del somni revé a la meva consciència, perquè en una situació diferent l'hauria oblidat completament.) El somni ha estat com un anunci, i em pregunto per què el meu cervell, responsable dels somnis de nit i de dia, ho havia pressentit. És potser una circumstància a l'atzar? Vull dir que la nostra memòria podria inventar automàticament aquestes històries amb els records que tenim desats sobre totes les persones que coneixem, i que les mostra —com una pel·lícula— en perpetuïtat i repetidament dins els nostres somnis; després, quan hi ha una trobada real, recordem de sobte el somni corresponent, que el cervell, ràpid com un llamp, tria dins un gran estoc de somnis amagats. Per descomptat, això és pura especulació per part meva, però m'ofereix una explicació viable.

Hi veig una certa connexió amb el *déjà vu*, i potser els processos dins el nostre cap són els mateixos o fins i tot molt similars. Però, tot i que no crec en l'existència del supranatural, sempre sento un calfred quan experimento una cosa així. No sé si tots els fenòmens de la intuïció parteixen d'aquests processos neuronals, i penso que seran la neurologia i la psicologia del futur les que podran, amb una mica de sort, descobrir les funcions fisiològiques que fan possible aquestes experiències. Això és el meu desig, perquè la trobada amb una persona que vaig veure en un somni la nit anterior és una experiència extremament sorprenent i inquietant.

Els científics expliquen que la intuïció està controlada probablement per l'hemisferi dret de l'encèfal. En aquest hemisferi, hi predominen l'emoció, la creativitat i la imaginació, que semblen intervenir per a copsar un concepte no explícit. Hi ha mecanismes adaptatius que ens permeten prendre decisions ràpides; un gran avantatge per a la supervivència de la humanitat. La intuïció i el pressentiment en formen part, i, al llarg de la història, ens han salvat presumptament de moltes amenaces i potser de l'extinció.

Fa uns anys, vaig cometre l'error de revelar el somni que havia tingut a una companya de feina. La nit anterior havia somiat amb ella, i, quan m'hi vaig trobar per atzar a l'oficina, mentre que feia mesos que no ens havíem vist, aquest fet em va sorprendre tant que li vaig comunicar immediatament que l'havia vista en un somni nocturn. Després, vaig quedar consternat profundament: la meva col·lega va reaccionar bruscament i gairebé de manera agressiva a la meva enunciació. Pel que sembla, s'ho va prendre com a coqueteig maldestre i no benvingut, i em vaig veure obligat —tartamudejant i avergonyit— a retratar el meu somni com a quelcom totalment innocu (que, ho admeto, no ho havia estat del tot…). Vaig sortir tan avergonyit d'aquesta *derrota* que mai més no he tornat a revelar a ningú el fet d'haver somiat amb ell o ella abans.

Fa vint anys vaig estudiar management internacional en una universitat de ciències aplicades a Viena. Una de les matèries obligatòries era la politologia. Per a passar l'examen havíem de redactar una tesina sobre un tema polític, i jo vaig triar l'islamisme (que incloïa també el que avui anomenem *gihadisme*), un assumpte que, aleshores, m'era encara inconegut. Vaig crear un veritable tractat de vuitanta pàgines que havia de presentar públicament al professor i als altres estudiants de la meva classe. Com que havia llegit molts llibres sobre el tema, i sobretot alguns del politòleg sirià-alemany Bassam Tibi, vaig parlar sobre el perill potser imminent que algun grup gihadista podria intentar un atemptat important en algun lloc del món occidental. Amb això vaig desencadenar una discussió enorme; el professor i alguns dels meus camarades pensaven que la meva tesi era profundament exagerada i fins i tot *boja*. Van refutar la majoria dels arguments, i la defensa del meu treball es va convertir en un esforç inesperat i monstruós. L'avaluació va poder ser salvada només pel fet que la meva argumentació havia estat basada sobre les tesis d'un politòleg de reputació conegut i musulmà, i que jo havia escrit una tesina tan extensa després de moltes recerques amb acríbia. Tot això va passar pel maig del 2001... I tots sabeu què vam viure alguns mesos més tard: l'11 de setembre del 2001!

Després de les vacances, els cursos van recomençar a l'octubre. Quan vaig entrar de nou a la universitat, *tothom* sabia que jo havia escrit aquesta tesina de politologia i

coneixia la meva *profecia* sobre l'atac a les Torres Besso-
nes, tot i que només havia estudiat i interpretat el mate-
rial d'un politòleg força competent. A mi aquest esdeve-
niment em causà, inicialment, una certa satisfacció, que
tot seguit es va tornar més aviat en un sentiment desa-
gradable. En algun moment vaig pensar: «Enuncio la pos-
sibilitat teòrica d'un atemptat terrorífic…, i, de seguida,
la teoria esdevé realitat, amb cinc mil morts i tot un món
esgarrifat? Quina mena de profecia abominable ha estat
això?». No em vaig sentir gaire bé, i ha estat només amb
el temps que he pogut acceptar la idea d'una simple co-
incidència infeliç.

4

La capacitat d'anticipar el futur es diu *precognició*. Es re-
fereix a un coneixement previ a quelcom no ocorregut.
La precognició defineix una forma de percepció extra-
sensorial (que revela que no es pot tractar d'un vertader
sentit), perquè els estímuls sensorials en el present no
lliuren la informació necessària per a deduir-ne el conei-
xement d'un esdeveniment futur. És clar que l'experièn-
cia precognitiva ha de ser intuïtiva i poc conscient. La
precognició no es percep com a coneixement totalment
explícit. He après que els científics investiguen el sistema
nerviós autònom dels subjectes en les seves proves: el rit-
me cardíac, la respiració, la dilatació pupil·lar i l'activitat
electrodermal. Utilitzen electroencefalogrames, però
em sembla que fins avui els resultats no són gaire prome-
tedors.

La comunitat científica no accepta encara l'existència de la precognició, entre altres coses perquè es viola el principi important de la causalitat, segons el qual un efecte (el coneixement del futur) no pot ser previ a la seva causa (els esdeveniments reals).

Un amic meu em digué que fa dues dècades va viure una fase *esotèrica*. Es va concentrar moltíssim en el seu interior i en les pròpies emocions. Va començar a fer meditació i s'ocupava de tècniques *zen* i de la millora de la seva empatia envers altres persones. Amb el temps, ha tingut diversos pressentiments; va pressentir, sobretot, perills i amenaces per als seus amics, i, quan una tal desgràcia va recaure de debò sobre un d'ells, es va sentir devastat perquè havia *tingut raó* o, més greu encara, havia enunciat una *profecia autocomplerta*, sense haver pogut evitar l'accident en la majoria dels casos. Aquesta *competència* per a preconèixer esdeveniments nocius esdevingué tan forta i onerosa que un dia pràcticament va estirar el fre d'emergència i es va abstenir completament de la meditació, l'esoterisme i la preocupació conscient per la precognició i les prediccions incloses. El desenvolupament de les coses l'havia espantat profundament, i encara avui, vint anys després, en parla amb molt de respecte i angoixa. El meu amic no és una persona que s'inventa històries o diu mentires, i estic convençut que està reportant impressions autèntiques (per a ell). Des d'un punt de vista més objectiu, però, puc imaginar que el nostre cervell crea i ens ofereix una multitud de possibilitats i escenaris realistes entre els quals podem triar-ne un d'adequat, segons la situació que vivim. I, si dediquem molt de temps a nosaltres mateixos, estem més receptius per a les propostes del nostre cervell, i en percebem moltes en plena consciència.

Jo no soc cap científic, i, segons les lectures que faig, haig de constatar que en realitat no sabem res (o almenys sabem molt poc) sobre la naturalesa de la precognició. Com a persona il·lustrada, m'agradaria reclamar que la precognició pertany només al regne dels contes de fades, però no puc. Per què? Perquè jo també he viscut situacions que encaixen bé amb aquesta imatge de la precognició. Per descomptat, no parlo de l'atemptat a les Torres Bessones ni de la meva tesina de politologia; parlo dels petits esdeveniments que preveig abans que hagin ocorregut, per exemple, la reacció prevista d'un col·lega o d'un motorista al carrer que no conec personalment. Fa uns anys, vaig salvar una nena de dos o tres anys que no coneixia quan va caure en un llac: només en un segon, em vaig agenollar a la riba per treure-la'n, i tot això perquè havia pressentit la seva caiguda!

Estic segur que heu tingut també experiències amb aquestes precognicions i que sou capaços d'esmentar molts exemples. Allò que anomenem *precognició* o *pressentiment* acompanya la vida de cada persona.

Per descomptat, és una veritat de la qual no podem explicar el funcionament. Encara…

5

Potser la *profecia autocomplerta* pertany a la mateixa família de nocions a la vora del *sisè sentit*. Amb aquesta expressió es defineix una predicció que, un cop feta, és ella mateixa la causa que fa que esdevingui realitat. Francament, això em sembla en si un concepte molt estrany, perquè el fet de dir alguna cosa o creure-hi no pot ser la causa real per la qual aquesta circumstància ocorre de debò o esdevé veritable.

Admeto, però, que una declaració, que es pot anomenar *predicció* depenent de la situació, podria influenciar l'entorn, la gent que l'escolta.

Un exemple: Som quatre amics i anem d'excursió al cim d'una muntanya. A mig camí, dic: «No arribarem mai al cim abans de la posta del sol». Ens mirem, i aleshores un dels amics suggereix: «Llavors, plantarem les tendes aquí, i demà reprendrem el nostre camí». I això és exactament el que passa. —La declaració que no podríem arribar al cim a temps és la profecia autocomplerta en aquest cas, perquè ha canviat els plans del grup d'amics. La declaració ha estat la causa dels esdeveniments posteriors: l'abandonament de la pujada a la muntanya i l'establiment d'un campament nocturn.

És un exemple senzill, però realista. De vegades, fem enunciacions (que curiosament i amb freqüència són pessimistes) que llavors es converteixen en motivacions per a canviar un projecte, una seqüència o la intenció d'una persona, o fins i tot d'una col·lectivitat. Així, la profecia autocomplerta em sembla l'únic fenomen totalment clar i explicable en aquest context.

6

Quan parlem d'intuïció, parlem d'una mena d'accés al coneixement sense intervenció conscient de la nostra raó. No som capaços d'analitzar els fets evidents (o no tenim temps per fer-ho), i per això acceptem el nostre sentiment com un mirall de la veritat. Segons Henri Bergson, el procés de la comprensió d'un símbol o d'una metàfora parteix sempre de l'ús de la intuïció humana. És clar que la intuïció comprèn un fort component subjectiu que fa difícil, si no impossible, la seva comunicació a altres persones. Històricament, la intuïció s'ha lligat sovint a fenòmens paranormals o divins. La gent parla d'un *sisè sentit*, addicional als sentits que hem discutit en els capítols anteriors, però que no es pot considerar un vertader sentit perquè li falta la correspondència amb un òrgan físic. En la història, la declaració oberta de pressentiments o experiències que avui anomenem *déjà vu* ha despertat sovint ressentiments i desconfiança, i, en molts casos, fins i tot persecució, tortura i mort. Crec que moltes de les cremes de bruixes que es van produir fa segles a Europa van tenir les seves arrels en l'aparició d'aquests fenòmens psíquics, i la població inculta i fanatitzada per la religió respongué amb horror i violència.

Vistos els efectes positius i útils que té la meva pròpia intuïció, estic content que existeixi. La prenc com a enriquiment de la meva vida i la utilitzo sense remordiments, tot i que no puc analitzar ni entendre la seva naturalesa, ni el seu funcionament fisiològic i material. És força probable que no existeixi cap sisè sentit, però, de totes maneres, el seu concepte m'ha motivat a escriure aquest sisè capítol.

Epíleg

1

La proposició em va arribar per sorpresa, durant l'estiu del 2020. El remitent, Loïç Miquel Pérez Muñoz, redactor de la revista *Doll de Tinta*, d'Almansa, em va proposar d'escriure alguns assaigs sobre el tema dels *Sentits*. Tenia la intenció de publicar números especials en els quals diferents autors escriguessin sobre un tema comú.

2

Ja havia pogut contribuir abans a la revista, amb textos sobre la literatura en llengua alemanya, i sobretot de la literatura del meu país, Àustria; vaig actuar com a mediador cultural, cosa que em va fer molta il·lusió. Aquest projecte nou, els *Sentits*, m'atreia d'una certa manera perquè em semblava un tema molt diferent del que escric habitualment. Era un desafiament, i és clar que m'agraden els desafiaments literaris.

3

En Loïç ja havia definit l'ordre segons el qual calia escriure sobre els nostres sentits. A primera vista, la seva llista presentava els sentits humans que cadascú coneix, començant amb *la vista*. Però el que em sorprengué de debò va ser la darrera línia de la llista: *el sisè sentit*. «Ahà», vaig pensar, «això tindrà també un aspecte filosòfic» —potser més filosòfic del que havia pensat. De totes maneres, penso que vaig tenir les primeres idees per al sisè sentit abans que hagués escrit una sola paraula del tot.

4

Com que m'agrada barrejar fets històrics o científics amb les meves pròpies experiències en un assaig, vaig decidir conceptuar els meus textos d'aquesta manera. A més, vaig resoldre ràpidament que escriuria un *cicle* d'assaigs, una mena de text coherent i organitzat en capítols.

5

Els assaigs van ser publicats en sis números (no consecutius) de *Doll de Tinta*, del 2021 al 2022. A l'inici i durant tota l'escriptura tenia sempre el desig de publicar aquests textos també com a llibre, un nou llibre original en català —com faig també amb la major part de la meva poesia. Per què? Els articles d'una revista em semblen efímers, i, algun temps després de la seva publicació, bastant difícils de retrobar.

6

Agraeixo a en Loïç Miquel Pérez Muñoz la seva idea seductora i la invitació tan amable a contribuir a la seva revista de cultura, *Doll de Tinta*. Em sembla que, en la història de la literatura, molts llibres no haurien estat escrits mai sense la iniciativa per part d'una altra persona o l'ímpetu d'un esdeveniment extern qualsevol. Penso que el llibre present n'és un exemple perfecte.

De l'autor

Klaus Ebner va néixer el 1964 a Viena, Àustria. És narrador, assagista, poeta i traductor. És llicenciat en Filologia Romànica i Germànica, i en Traductologia, per la Universitat de Viena. Tot i que la major part de la seva obra és escrita en alemany, també escriu en català, sobretot poesia. És soci de l'Associació d'Escriptors en Llengua Catalana (AELC) i del PEN Català.

Ha obtingut diferents premis de literatura, entre els quals destaquen el premi Wiener Werkstattpreis 2007, el Segon Premi de Microrelats de l'associació Österreichischer Schriftstellerverband (Associació d'Escriptors Austríaca) l'any 2010, i el Premi de Poesia Parc Taulí 2014, amb el seu poemari *Blaus*.

www.klausebner.eu

Vermells
Poesia (bilingüe)
Setze Vents Editorial, Urús, 2009

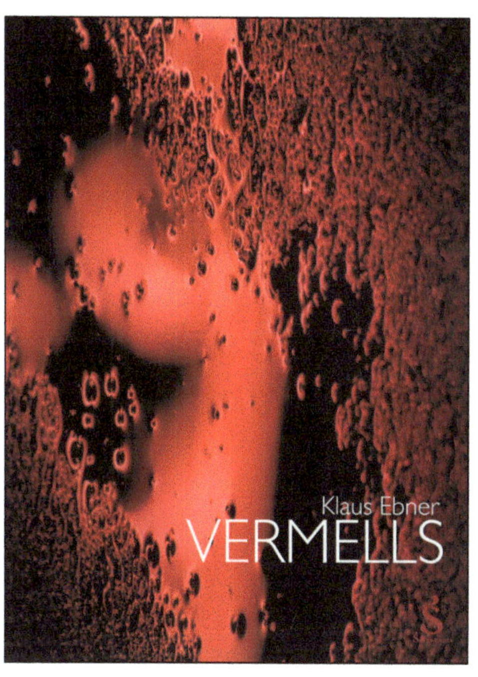

ISBN 978-84-92555109 —rústica amb solapes
ISBN 978-84-13266879 —llibre electrònic

Blaus
Poesia (bilingüe)
Pagès Editors, Lleida, 2015

ISBN 978-84-99756271 —rústica amb solapes

Vestigis

Poesia

BoD Espanya, Madrid, 2019

ISBN 978-84-99756271 —tapa dura
ISBN 978-84-13267814 —butxaca
ISBN 978-84-13261140 —llibre electrònic

Forats
Poesia
BoD Espanya, Madrid 2020

ISBN 978-84-13262901 —tapa dura
ISBN 978-84-13262895 —butxaca
ISBN 978-84-13732220 —llibre electrònic

Per què (…escric)
Assaig
BoD Espanya, Madrid 2020

ISBN 978-84-13267104 —butxaca
ISBN 978-84-13261317 —llibre electrònic

Andorra
Assaig escrit en anglès, English Essay
Apple Books (iBooks), Cupertino 2012

ISBN 978-3-950338102 —llibre electrònic
https://books.apple.com/at/book/andorra/id520398080